ISBN 9788411744195 © Eve Stars, 2023
Impresión y editorial: BoD – Books on Demand
info@bod.com.es - www.bod.com.es
Impreso en Alemania – Printed in Germany

Este libro pertenece a este extraordinario, sensible y especial Cáncer:

Cáncer

21 DE JUNIO – 20 DE JULIO

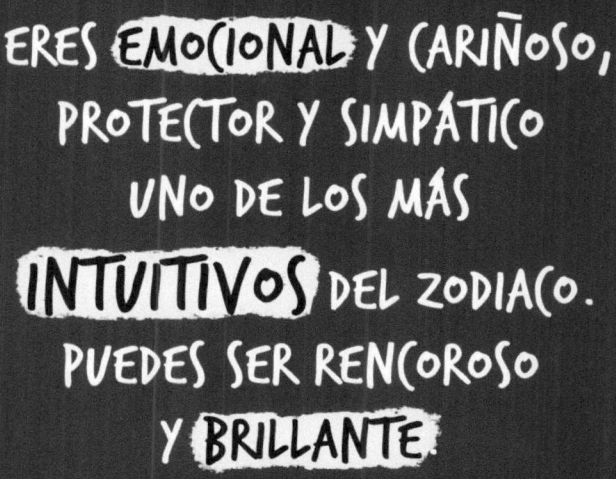

ERES **EMOCIONAL** Y CARIÑOSO,
PROTECTOR Y SIMPÁTICO
UNO DE LOS MÁS
INTUITIVOS DEL ZODIACO.
PUEDES SER RENCOROSO
Y **BRILLANTE**

DRAMÁTICO

SINCERO

SENSIBLE

ESTUDIOSO

GOLOSO

FAMILIAR

ERES UN SIGNO DE AGUA,
AMABLE, DIVERTIDO E...

INTROVERTIDO.

ERES EL

MÁS EMOTIVO

DEL ZODÍACO

TU EMPLAZAMIENTO NATURAL
ES LA CUARTA CASA,
LA CASA DEL FONDO DEL CIELO.

LA FAMILIA, EL HOGAR, LAS
HERENCIAS, EL PADRE.

CÁNCER ESTÁ GOBERNADO POR LA

LUNA

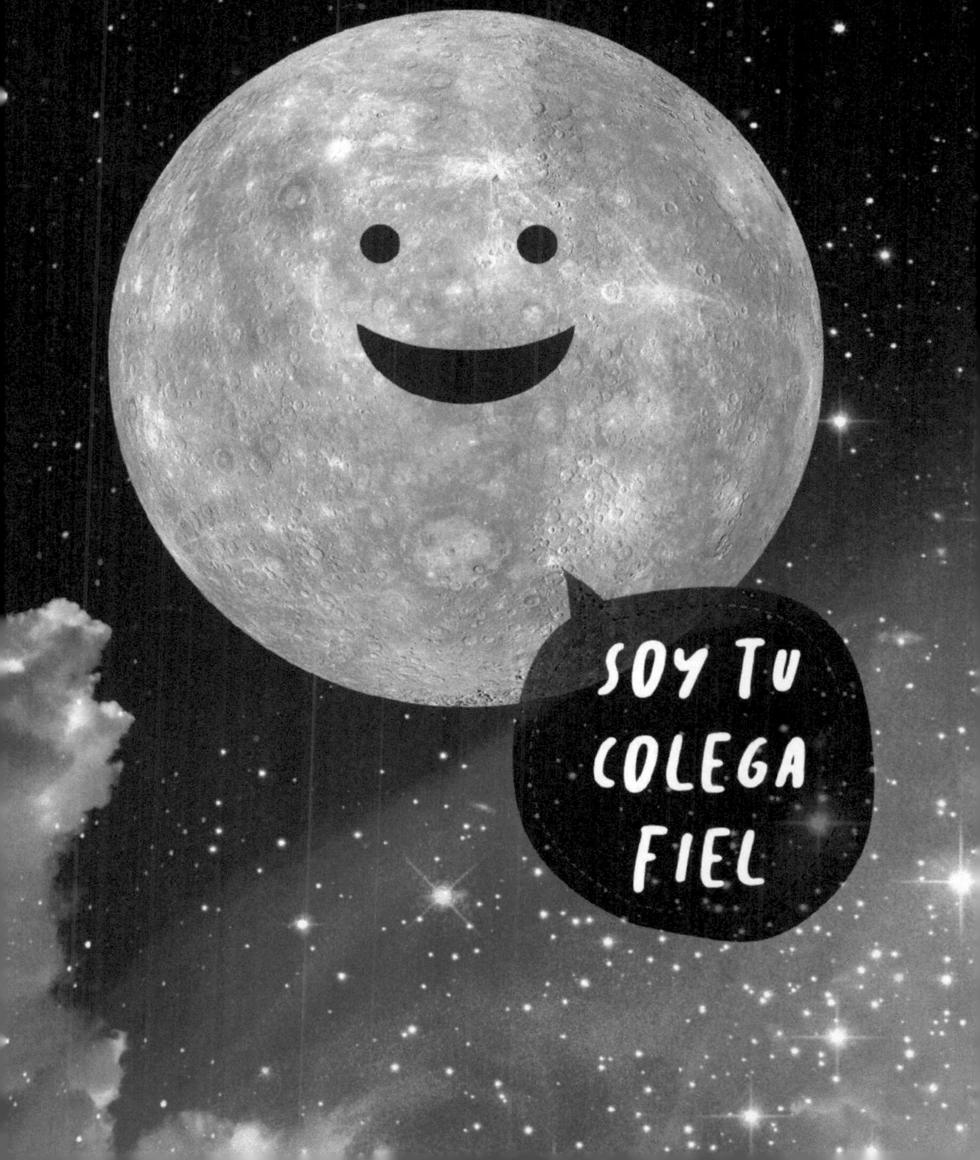

COLORES: PLATA, GRIS, AZUL, VERDE MARINO.

VÍSTETE CON ESTOS COLORES CUANDO QUIERAS LIGAR Y SERÁS IRRESISTIBLE (SI ES POSIBLE SERLO AÚN MÁS)

PIEDRAS: PERLAS, PIEDRAS LUNARES.

CUANDO TROPIECES DOS VECES, COMO SUELES HACER, QUE SEA AL MENOS CON ALGUNA DE ESTAS PIEDRAS

ÁRBOLES: SAUCES, PERALES.

ABRÁZATE A UNO DE ESTOS ÁRBOLES CUANDO ESTÉS DE BAJONA. TE QUIEREN

FLORES: MARGARITAS, NENÚFARES.

LOS VULGARES RAMOS DE ROSAS NO ESTÁN A TU ALTURA. EXIGE MÁS

Hablemos claro, Cáncer

PUEDES SER DESDE TÍMIDO Y ABURRIDO HASTA BRILLANTE Y FAMOSO. SUELES SER CONSERVADOR Y TE ENCANTA LA SEGURIDAD Y EL CALOR DE TU HOGAR. DE HECHO, PARA TI, TU HOGAR ES COMO UN NIDO, UN REFUGIO DONDE IR CUANDO EL ESTRÉS DE TU TRABAJO ES DEMASIADO. TIENDE A SER TU REFUGIO PERSONAL MÁS QUE UN ES- CAPARATE PARA DESLUMBRAR A LOS DEMÁS.

ENTIENDES QUE HAY MOMENTOS PARA SER SOCIABLE Y OTROS MOMENTOS PARA SER SOLITARIO. ESTO ES UNA DE LAS CONTRADICCIONES EN TU CARÁCTER. DESDE FUERA PARECES DECIDIDO, RESISTENTE, TERCO, TENAZ, SABIO E INTUITIVO. NO OBSTANTE, LOS QUE TE CONOCEN EN LA INTIMIDAD PUEDEN VER UN TIPO DE PERSONA TOTAL- MENTE DISTINTO — ALGUIEN SENSIBLE SOBRE TODO HACIA LAS PERSONAS A LAS QUE QUIERES.

SABES IDENTIFICARTE CON LA SITUACIÓN DE LOS DEMÁS POR TU GRAN CAPACIDAD IMAGINATIVA. A VECES ERES DEMASIADO FANTASIOSO Y PRETENDES CONSTRUIR TU VIDA SEGÚN UN IDEAL ROMÁNTICO.

TE GUSTA EL ARTE, LA MÚSICA Y LA LITERATURA Y, SOBRE TODO, EL ARTE DRAMÁTICO Y LA ACCIÓN. POSEES UN TALENTO LITERARIO O ARTÍSTICO CONSIDERABLE.

TU RETO PERSONAL CONSISTE EN RECONCILIAR TU CONFLIC-TO INTERNO. POR UNA PARTE TE ENCANTA SER EXTRO-VERTIDO, POR OTRO TIENES TENDENCIA A RETRAERTE. SI LOGRAS RECONCILIAR AMBOS LADOS, ERES CAPAZ DE INSPIRAR A TODA UNA GENERACIÓN, SOBRE TODO A LAS PERSONAS JÓVENES, CON TUS IDEAS.

NECESITAS SEGURIDAD Y ESTARÁS CASI SIEMPRE A LA ESPERA DE UN ABRAZO O DEMOSTRACIÓN DE CARIÑO, QUE TÚ NO DUDAS EN MANIFESTAR.

GENEROSO Y FAMILIAR, TE SUELES AMOLDAR A TODO Y A TODOS AUNQUE LA EMOCIÓN Y EL NERVIOSISMO QUE TE APORTA LA LUNA TE CONVIERTE EN UN SER BASTANTE CICLOTÍMICO.

Amuletos para Cáncer

¿CREEMOS EN LAS FUERZAS OCULTAS? ¡SÍÍÍÍ! ¿Y CREEMOS EN LOS AMULETOS? ¡TAMBIÉÉÉÉN! PUES TIRA YA ESA PATA DE CONEJO RANCIA, ESTOS SON LOS AMULETOS QUE TE AYUDARÁN A CONSEGUIR TODAS TUS METAS.

LOS AMULETOS MÁS EFECTIVOS PARA LOS NACIDOS BAJO EL SIGNO DE CÁNCER SON LOS QUE SE RELACIONAN DIRECTAMENTE CON TUS ANIMALES DE PODER: LOS ANFIBIOS. CONCHAS, CARACOLAS, ROCAS DE PLAYA Y DE RÍO, ARENA O AGUA DE MAR. LLÉVALOS CONTIGO A TODAS PARTES Y TE SENTIRÁS EN PLENO CONTACTO CON TUS RAÍCES, CON TU HOGAR VERDADERO. UN CONSEJO NECESARIO: EVITA RESTOS DE ANIMALES SACRIFICADOS.

COLOR PLATA. EL AMULETO MÁS SIMPLE Y EFECTIVO QUE COMO CÁNCER PUEDES TENER ES EL COLOR DE TU ASTRO REGENTE, Y ESE ES EL PLATA DE LA LUNA. EL COLOR

PLATEADO EN TU ROPA, PERTENENCIAS Y RODEANDO A AQUELLOS QUE AMAS TENDRÁ EL EFECTO QUE LA LUNA TIENE SOBRE LAS MAREAS. LES HARÁ ENTRAR EN UN CICLO NATURAL, BENÉFICO, DE RENOVACIÓN Y CRECIMIENTO. ÚSALO GENEROSAMENTE, Y LA SUERTE ESTARÁ CONTIGO COMO UNA LUZ EN LAS NOCHES OSCURAS. UN CONSEJO: ACOMPÁÑALO DE NEGRO PARA RECREAR LA NOCHE SERENA BAJO LA QUE LA VIDA REPOSA.

PLATA. EL METAL MÁS AFÍN A LOS NACIDOS BAJO EL SIGNO DE CÁNCER ES LA PLATA. CON ELLA TENDRÁS UN PODEROSO AMULETO NATURAL CAPAZ DE ROMPER TODA ENERGÍA NEGATIVA, POR PODEROSA QUE SEA. EL CONTACTO DE LA PLATA (SEA EN LA FORMA Y CANTIDAD QUE SEA) RESULTA PARA TI ENERGÉTICA Y SANADORA. ES, SÍ, COMO TOCAR A LA MISMA LUZ DE LA LUNA, Y RECIBIR EN PLENO SUS BENDICIONES Y SABIDURÍA.

PERLA. LA JOYA QUE RESULTA EN MEJOR AMULETO PARA LOS NATIVOS DE CÁNCER ES SIN DUDA LA PERLA, EN PARTICULAR LA NATURAL, CON SU BRILLO CREMOSO QUE RECUERDA A UNA LUNA NUBOSA. AL IGUAL QUE EL CORAZÓN DE LOS CÁNCER (CALLADO Y SECRETO, PERO SIEMPRE CÁLIDO Y DESTELLANTE EN EL FONDO DEL

SER), LA PERLA ESPERA SER DESCUBIERTA EN SERENO DES-
CANSO. ESO ES LO QUE, EN EL FONDO, DESEÁIS LOS CÁNCER:
QUE LOS QUE AMÁIS SE ATREVAN A HUNDIRSE POR VO-
SOTROS, Y QUE SEPAN HALLAR EN VUESTRO INTERIOR ESA
PERLA HECHA DE AMOR Y ENTREGA: VUESTRO CORAZÓN.

NENÚFAR. PARA QUE TU HOGAR (TU MÁS PRECIADO
VALOR) SE LLENE DE ENERGÍA POSITIVA USA UN AMULETO
VIVO. TU MEJOR ALTERNATIVA ES QUE ELIJAS FLORES
VIVAS DE NENÚFAR, CON UNA GRAN AFINIDAD POR LA
LUNA: SU AROMA NOCTURNO SE EXTIENDE PROTECTOR Y
SANADOR COMO LA LUZ DE TU PLANETA, COBIJANDO DE
VENTURA A CADA UNO DE LOS QUE AMAS.

 AMULETO DOMÉSTICO PARA CÁNCER

CREA UNA PIEDRA LUNAR PARA ATARTE AL CUELLO. ELIJE
UNA QUE HAYAS ENCONTRADO A LA ORILLA DEL MAR O EN
EL LECHO DE UN RÍO. COLÓCALA RODEADA DE VELAS BLAN-
CAS A LA LUZ DE LA LUNA LLENA, SUMERGIDA EN AGUA,
DURANTE TODA UNA NOCHE. DEJA QUE LAS VELAS SE CON-
SUMAN Y TU AMULETO ESTARÁ CONSAGRADO: ÚSALO COMO
COLGANTE Y ESTARÁS PROTEGIDO POR LA LUNA.

Tus miedos

GENEROSO Y AMOROSO, PUEDES SER DESPIADADO CUANDO SE TRATA DE DEFENDER LO TUYO Y A LOS TUYOS. NO TE DETIENES HASTA VER DESTRUIDAS LAS AMENAZAS QUE PESAN SOBRE TU PATRIMONIO O SOBRE TUS QUERENCIAS.

HOGAREÑO Y TRADICIONAL, TIENES, SIN EMBARGO, UNA FOBIA PROFUNDA, QUE SE BASA EN TU MAYOR APEGO. EL HOGAR, LA FAMILIA, LA PAREJA. LE TEMES, ANTE TODO, A CUALQUIER FORMA DE LA ORFANDAD. LA SOLEDAD ES TU MAYOR DOLOR.

TODOS, DE ALGUNA MANERA, LLEVAMOS NUESTRO HOGAR A CUESTAS, DENTRO DE NUESTRO CORAZÓN, PERO EN TU CASO ESTA VERDAD SE EXACERBA. NADIE COMO TÚ PIENSA EN SATISFACER TODAS LAS NECESIDADES DE TU FAMILIA, DE TU AMOR, DE TUS AMIGOS Y COMPAÑEROS DE TRABAJO.

CREES QUE LOS HOGARES SE PUEDEN EXTENDER AL MUNDO, Y QUE SE CONSTRUYEN COMO UNA COLABORACIÓN. TU IDEA

ES TRADICIONAL, Y A LA VEZ, REVOLUCIONARIA: VES EN TODAS LAS PERSONAS A UN POSIBLE HERMANO, A UN IGUAL, A UNA PERSONA QUE SE MERECE SER AMADA.

POR ELLO, CUANDO ALGUNOS DE TUS PLANES FRACASA (ANTE UNA SEPARACIÓN, UN DESPIDO O UN REVÉS ECONÓMICO, POR EJEMPLO) SIENTES QUE ES EL FIN DEL MUNDO, PUES ANTE TODO PERCIBES LA SOLEDAD COMO UNA AVALANCHA QUE SE TE VIENE ENCIMA.

TU IDEAL DEL HOGAR Y DE LA PERFECCIÓN DE ESTE HOGAR TE HACEN CREER QUE SI NO VIVES LAS CONDI-CIONES QUE SOÑASTE, NO MERECES EL AMOR, LA AMIS-TAD O EL ÉXITO, Y CREES QUE LOS QUE AMAS DEJARÁN DE HACERLO, Y QUE PERDERÁS TODO RESPETO Y SOLIDARI-DAD CON ELLO.

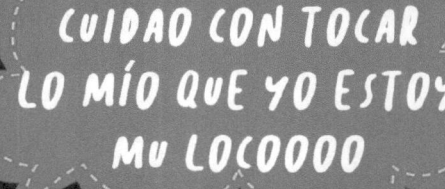

CUIDAO CON TOCAR LO MÍO QUE YO ESTOY MU LOCOOOO

¿CÓMO PUEDES VENCER TUS MIEDOS?

ESTÁ EN NUESTRA NATURALEZA IDEALIZAR LO QUE SENTIMOS COMO UNA MISIÓN PROPIA. QUEREMOS QUE NUESTROS SUEÑOS SE CUMPLAN EN SU TOTALIDAD Y TAL Y COMO LOS IDEAMOS. ESE ES EL DRAMA DE LOS PERFECCIONISTAS. CÁNCER ES UNO DE ELLOS.

TODO IDEAL ES INALCANZABLE POR EL HECHO MISMO DE SER ESO: UNA META PERFECTA. SI NOS EMPEÑAMOS EN QUE SÓLO LA DISFRUTAREMOS SI ES LA RÉPLICA EXACTA DE NUESTROS DESEOS, ENTONCES NUNCA ALCANZAREMOS AQUELLO A LO QUE ESTAMOS DESTINADOS.

Y DE NO LLEGAR A ESTE IDEAL, CÁNCER PUEDE ESTAR SEGURO DE QUE NO ESTARÁ SOLO: LOS QUE NOS AMAN LO HACEN NO POR LOS RESULTADOS, SI NO POR LA TRAVESÍA QUE CON ELLOS EMPRENDEMOS A LO LARGO E CAMINO.

LO QUE CUENTA ES LA LUCHA

El perfeccionismo es miedo camuflado.

Hablemos de lo que importa: el AMOR

ERES UN **ENIGMA** DIFÍCIL DE DESCIFRAR, SI BIEN ES CIERTO QUE LA MAYORÍA DE LOS SERES HUMANOS ADORAN TENER UNA RELACIÓN AMOROSA LLENA DE MAGIA Y DE INTENSIDAD, CONTIGO NUNCA SE SABE, YA QUE EN OCASIONES PUEDES MOSTRARTE EXTREMADAMENTE INTERESADO Y TOMAR LA INICIATIVA, MIENTRAS QUE OTRAS VECES PUEDES QUEDARTE QUIETO ESPERANDO QUE LA LLUVIA CAIGA PARA RECONFORTAR TU INTERIOR.

PARA CONQUISTARTE HAY QUE SER MUY COMPRENSIVO, ENTENDER QUE CADA PASO QUE SE DÉ CON ALGUIEN TAN **VOLUBLE Y SENTIMENTAL** COMO TÚ, ES UN GRAN AVANCE, YA QUE CONSTANTEMENTE ESTÁS CAMBIANDO DE ÁNIMO Y DE OPINIÓN FRENTE A TODO LO QUE SE TE PRESENTA EN LA VIDA, SEAN NEGOCIOS, DINERO, TRABAJO Y POR SUPUESTO EL AMOR.

EN EL AMOR SIEMPRE TIENES SENTIMIENTOS DE POR MEDIO, NO IMPORTA LO PASAJERA QUE SEA LA RELACIÓN, EN SEGUIDA HAY VÍNCULOS SENTIMENTALES FORMÁNDOSE, POR ESO ES FÁCIL HERIR TU FRÁGIL CORAZÓN.

EN LAS RELACIONES ÍNTIMAS Y EN EL AMOR Y TE COMPORTAS COMO UN PEQUEÑO CANGREJO QUE HAY QUE CUIDAR, ACARICIAR Y HACER QUE SE SIENTA COMPLETAMENTE CÓMODO PARA ENTRAR EN CALOR Y LOGRAR UN MOMENTO DE PASIÓN INCREÍBLE, YA QUE UNA VEZ QUE TU CAPARAZÓN SEA ABRE TE CONVIERTES EN UN MARAVILLOSO AMANTE, QUE BUSCA LAZOS AFECTIVOS QUE GENEREN MÁS INTENSIDAD ENTRE LAS DOS PERSONAS.

SIEMPRE BUSCAS VIAJAR A UN LUGAR TRANQUILO Y SEGURO PARA CONSEGUIR CONECTARTE CON EL ENTORNO Y DISFRUTAR CON TU PAREJA CON TODA LA PASIÓN Y LA ENTREGA QUE SE MERECE.

ERES UN SER PROFUNDO QUE BUSCA RELACIONES ESTABLES Y QUE ASPIRAS, ANTE TODO, A FORMAR UN HOGAR PARA TI ES MÁS IMPORTANTE EL MUNDO DE LOS SENTIMIENTOS QUE EL MUNDO MATERIAL, Y GRAN PARTE DE TU ENERGÍA ESTARÁ PUESTA AL SERVICIO DE LA ARMONÍA DE TU RELACIÓN.

TU EXTREMA SENSIBILIDAD TIENE, COMO TODO, DOS CARAS, LA BUENA ES QUE TE PERMITE VIVIR Y SENTIR EL AMOR COMO POCOS, EXPERIMENTAR TODO A FLOR DE PIEL Y CUANDO LAS COSAS VAN BIEN, CASI FLOTAR POR EL CIELO, LA CARA MALA ES QUE TE HACES DAÑO CON MUCHA FACILIDAD, TE DESENCANTAS Y RETRAES EN CUANTO ALGUIEN TE DICE ALGO QUE INTERPRETAS COMO UN POSIBLE RECHAZO A TU PERSONA.

TU VIDA AMOROSA SE BENEFICIARÍA MUCHO SI TE LA TOMARAS CON MÁS SENTIDO DEL HUMOR, DE FORMA MÁS DIVERTIDA Y LIVIANA, NO TAN A PECHO. TU SENSIBILIDAD PUEDE HACER QUE EL DE ENFRENTE SALGA HUYENDO ANTE EL TEMOR DE TRATAR CON UNA PERSONA TAN SUSCEPTIBLE QUE NO PERMITA NI UNA DISCUSIÓN O FALTA DE ENTENDIMIENTO.

RÍETE DE TI MISMO UN POCO, Y DE LA VIDA. ENCARA LAS RELACIONES CON CONFIANZA Y FORTALEZA.
TU CAPARAZÓN ES MUY FUERTE Y LO SABES, SI LAS COSAS SALEN MAL, SOBREVIVIRÁS Y SI SALEN BIEN, DISFRUTARÁS ENORMEMENTE DEL CAMINO CON MENOS LÁGRIMAS.

UN DÍA SIN REÍR, ES UN DÍA PERDIDO

CoNSeJo DeL GRaN CRoaSáN eSTeLaR

COMPATIBILIDAD ENTRE SIGNOS

CÁNCER Y CÁNCER

LA COMBINACIÓN PUEDE SER REALMENTE BUENA, PORQUE AMBOS OS LEVANTARÉIS LA MORAL, COMPRENDERÉIS LOS CAMBIOS DE HUMOR Y EN EL ESTADO DE ÁNIMO MUTUAMENTE Y CON FACILIDAD.

SERÁ IMPORTANTE EVITAR REACCIONAR EXAGERADAMENTE ANTE LOS COMENTARIOS DE LA PAREJA, PORQUE LOS DOS PODÉIS SER MUY CRÍTICOS Y EXIGENTES.

CÁNCER ES UN SIGNO QUE HAY QUE ENTENDER PROFUNDAMENTE PARA PODER AVANZAR Y ¿QUIÉN MEJOR PARA ENTENDERSE QUE VOSOTROS MISMOS?

EN LO QUE RESPECTA A LAS RELACIONES SEXUALES, ESTARÁN BASADAS EN EL CARIÑO, LA SENSIBILIDAD Y LAS DEMOSTRACIONES DE AFECTO Y AMBOS OS SENTIRÉIS SEGUROS Y AMADOS, ALGO MUY IMPORTANTE PARA LOS CÁNCER.

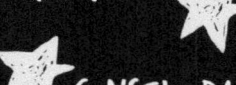 CONSEJO PARA HACER QUE FUNCIONE (¡AÚN MEJOR!)

DEBERÉIS EVITAR CONVERTIROS EN UN ESPEJO DE LA DEBILIDAD DEL OTRO PARA NO AHOGAROS MUTUAMENTE EN EL SENTIMENTALISMO.

⭐ CÁNCER Y LEO

ES UNA COMBINACIÓN COMPATIBLE PERO LOS DOS TENÉIS UN EGO BASTANTE FRÁGIL, SOIS VULNERABLES Y OS OFENDÉIS CON FACILIDAD. AMBOS NECESITÁIS CARIÑO Y MUCHA ATENCIÓN DE VUESTRA PAREJA.

EL ENTUSIASTA Y SEGURO LEO PODRÍA SER LA SOLUCIÓN PERFECTA PARA LA FALTA DE CONFIANZA EN SÍ MISMOS DE CÁNCER, DADA LA CAPACIDAD DE LEO PARA LEVANTAR EL ÁNIMO Y HACER QUE LOS OTROS SE SIENTAN MEJOR. A SU VEZ, EL ACERCAMIENTO CARIÑOSO Y SENSIBLE DE LOS CÁNCER HARÁ QUE LEO SE SIENTA QUERIDO.

MUCHOS CÁNCER TIENEN UN HUMOR VARIABLE Y SALTAN CON FACILIDAD, Y ESTO PODRÍA AGOTAR EL OPTIMISMO Y EMPUJE DE LOS LEO A LARGO PLAZO. POR OTRA PARTE, A LOS CÁNCER LES SERÁ DIFÍCIL ACEPTAR LA ARROGANCIA Y SEGURIDAD EXCESIVA DE LOS LEO.

LAS RELACIONES SEXUALES SERÁN BUENAS Y SATISFACTORIAS.

 CONSEJO PARA HACER QUE FUNCIONE

LEO DEBERÁ EVITAR SER DEMASIADO MANDÓN. CÁNCER APRENDER A SER MÁS INDEPENDIENTE Y A NO NECESITAR LA CONTINUA APROBACIÓN DE SU PAREJA.

CÁNCER Y VIRGO

ESTA COMBINACIÓN PRODUCE GRANDES RESULTADOS A TODOS LOS NIVELES. LA SENSIBILIDAD DE LA LUNA QUE RIGE CÁNCER, Y MERCURIO, INTELECTUALMENTE BRILLANTE, CONSTITUYEN UNA MEZCLA MARAVILLOSA.

EN OCASIONES VIRGO TENDRÁ PROBLEMAS PARA ENTENDER LOS FRECUENTES CAMBIOS DE HUMOR DE CÁNCER. SIN EMBARGO, DEBIDO A QUE VIRGO ES MUY RECEPTIVO, TENDERÁ CON EL TIEMPO A HACERSE MÁS RESPONSABLE DE LAS NECESIDADES DE CÁNCER QUIEN, A SU VEZ, APRENDERÁ A SER MÁS RAZONABLE EN SUS EXIGENCIAS.

VIRGO, MUY PERFECCIONISTA, TIENDE A CRITICAR Y JUZGAR, LO QUE PUEDE CAUSAR ALGÚN CONFLICTO CON CÁNCER, QUE SUELE SER MUY SUSCEPTIBLE A LAS CRÍTICAS. VIRGO SE TENDRÁ QUE CONTROLAR AL DAR SU OPINIÓN CONTRARIA SI NO QUIERE QUE CÁNCER SE RETRAIGA Y SE ENCIERRE EN SU CONCHA.

DESARROLLARÉIS UNOS LAZOS SEXUALES MUY SÓLIDOS.

CONSEJO PARA HACER QUE FUNCIONE (¡AÚN MEJOR!)

CÁNCER DEBE EVITAR NO PRESIONAR CONSTANTEMENTE A VIRGO Y ÉSTE AYUDAR A CÁNCER A PISAR MÁS LA TIERRA.

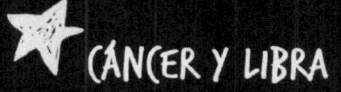 CÁNCER Y LIBRA

LA COMPATIBILIDAD A LARGO PLAZO ES BASTANTE BAJA Y SOLAMENTE SOBREVIVIRÁ LA PAREJA SI HAY UNA BASE DE AMOR Y PASIÓN MUY FUERTE.

LOS DOS BUSCÁIS LA PAZ Y LA ARMONÍA, POR LO QUE AL PRINCIPIO LA RELACIÓN PUEDE PARECER MUY SENCILLA PERO UNA VEZ ESTABLECIDA, CUANDO LA NECESIDAD DE UNA VIDA DOMÉSTICA TRANQUILA DE LOS CÁNCER SE EN-CUENTRE CON LA NATURALEZA SOCIAL Y JUGUETONA DE LOS LIBRA, CHOCARÉIS. A CÁNCER PUEDE NO GUSTARLE EL DESEO DE LIBRA DE LLEVAR UNA VIDA SOCIAL ACTIVA Y VARIADA, MIENTRAS QUE LIBRA PUEDE LLEGAR A ENCON-TRAR A CÁNCER RESTRICTIVO Y ABURRIDO.

CÁNCER DEBERÁ CONTROLAR SU MAL HUMOR, PORQUE LOS LIBRA TIENEN MENOS PACIENCIA QUE OTROS SIGNOS.

A AMBOS OS GUSTA DAR AMOR Y SER AMADOS, POR LO QUE AL MENOS OS SENTIRÉIS SATISFECHOS Y APRECIADOS SEXUALMENTE.

 CONSEJO PARA HACER QUE FUNCIONE

LA RELACIÓN SOBREVIVIRÁ Y FLORECERÁ SI AMBOS MIEM-BROS DE LA PAREJA ENCONTRÁIS PROYECTOS COMUNES.

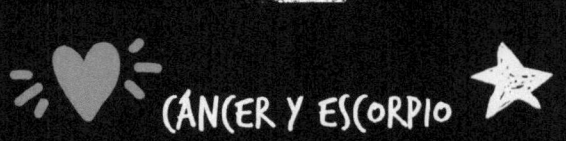

CÁNCER Y ESCORPIO

TENÉIS UN GRADO DE COMPATIBILIDAD ALTO. AMBOS SOIS SENSIBLES, EMOCIONALES Y CARIÑOSOS, PERO ESCORPIO TIENE UN MODO MUY DISTINTO DE EXPRESAR EL AMOR: ES EXIGENTE Y PIDE MUCHO MÁS A CAMBIO DE LO QUE DA. SON PAREJAS POSESIVAS, AUNQUE LOS CÁNCER DEBERÍAN SER CAPACES DE ADAPTARSE A ESO, YA QUE LES ENCANTA DEMOSTRAR REITERADAMENTE SU AMOR.

LA RELACIÓN TENDRÁ MÁS POSIBILIDADES AÚN DE PROS-PERAR SI CÁNCER DETECTA UNA "CAUSA" EN SU PAREJA ES-CORPIO. EN ESE CASO, DISFRUTARÁ EL RETO DE SUPERAR LAS BARRERAS DE ESCORPIO Y CONECTAR CON SU ALMA.

LAS RELACIONES SEXUALES SERÁN MUY GRATIFICANTES A LARGO PLAZO, PORQUE A LOS DOS OS GUSTA EL SEXO, SOIS ABIERTOS Y CARIÑOSOS. SIN EMBARGO, MIENTRAS ESCOR-PIO SE GUÍA POR LO PURAMENTE SENSUAL, CÁNCER NECESI-TA UNOS LAZOS AFECTIVOS Y UN NIVEL MAYOR DE AMOR EN LAS RELACIONES A LARGO PLAZO.

CONSEJO PARA HACER QUE FUNCIONE (¡AÚN MEJOR!)

ESCORPIO DEBERÍA INTENTAR NO EXIGIR TANTO Y CÁNCER EVITAR IR DE VÍCTIMA.

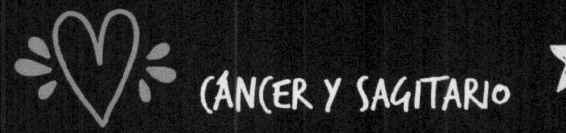 CÁNCER Y SAGITARIO

EL GRADO DE COMPATIBILIDAD ES MÁS BIEN BAJO. AUNQUE SÍ HAY POSIBILIDAD DE QUE EXPERIMENTÉIS UNA FUERTE ATRACCIÓN AL CONOCEROS.

SAGITARIO ES HONESTO, MUY DIRECTO Y, EN OCASIONES, INSENSIBLE; Y AUNQUE CÁNCER APRECIA LA HONESTIDAD Y LA FRANQUEZA, ES MUY SENSIBLE A LAS CRÍTICAS.

SAGITARIO, POR EL CONTRARIO, ES POCO SUAVE Y PUEDE QUE CUANDO SE DÉ CUENTA DE QUE SUS FRECUENTES CRÍTICAS ESTÁN CANSANDO A CÁNCER, YA SEA DEMASIADO TARDE.

LAS RELACIONES SEXUALES PUEDEN SER MUY SATISFACTORIAS PORQUE AMBOS SOIS MUY SEXUALES. ES MÁS PROBABLE QUE TODO QUEDE EN UNA APASIONADA AVENTURA AMOROSA, QUE EN UNA RELACIÓN ESTABLE, A MENOS QUE HAYA TANTO AMOR ENTRE VOSOTROS, QUE ESTÉIS PREPARADOS PARA REALIZAR AJUSTES EN VUESTRAS PERSONALIDADES.

CONSEJO PARA HACER QUE FUNCIONE

ES MUY IMPORTANTE QUE SAGITARIO APRENDA DIPLOMACIA Y QUE CÁNCER DEJE DE SER TAN HIPERSENSIBLE A LAS CRÍTICAS Y APRENDA A TOMARSE LOS COMENTARIOS DE MODO MÁS CONSTRUCTIVO.

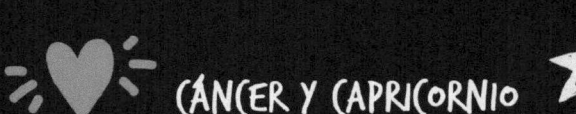 CÁNCER Y CAPRICORNIO

COMPATIBILIDAD ALGO BAJA. A PESAR DE LAS IMPORTANTES DIFERENCIAS ENTRE LOS DOS, ES POSIBLE QUE SE ESTABLEZ-CA UNA RELACIÓN, AUNQUE DEBERÉIS PONER UN POCO DE VUESTRA PARTE.

MIENTRAS QUE CÁNCER ES CARIÑOSO Y EXPRESIVO, A CAPRI-CORNIO LE CUESTA EXPRESAR SUS SENTIMIENTOS.

UNA DE LAS MAYORES COMPATIBILIDADES ENTRE VOSOTROS ES EL TEMA DE FAMILIA, AMBOS TENÉIS LA META DE CREAR UNA LLENA DE VALORES Y TRADICIONES. LA CONFIANZA SERÁ EL PILAR DE LA RELACIÓN.

CÁNCER ES SENSIBLE Y NECESITA MÁS QUE EL AFECTO CON-TENIDO QUE CAPRICORNIO LE OFRECE. NO ES QUE NO QUIERA OFRECER MÁS, SINO QUE NO SABE CÓMO HACERLO.

EL ÁREA SEXUAL SERÁ UN GRAN RETO, CÁNCER DEBERÁ DE TENER PACIENCIA Y DARLE SU ESPACIO A CAPRICORNIO PARA SENTIRSE EN CONFIANZA Y ASÍ MOSTRAR SUS SENTIMIENTOS Y DESEOS EN LA CAMA.

 CONSEJO PARA HACER QUE FUNCIONE

ES IMPORTANTE QUE CÁNCER ENSEÑE A CAPRICORNIO Y QUE CAPRICORNIO ESTÉ DISPUESTO A APRENDER.

CÁNCER Y ACUARIO

LA COMPATIBILIDAD ES BAJA PERO COMO AMBOS SIGNOS SOIS MUY PERSISTENTES, SI HAY SUFICIENTE AMOR Y DISPOSICIÓN DE ESFORZARSE, UNA RELACIÓN DURADERA ES DIFÍCIL, PERO NO IMPOSIBLE.

NECESITARÉIS CONSTRUIR A PARTIR DE LAS DIFERENCIAS, LOS ELEMENTOS DE ATRACCIÓN DE LA PAREJA. MIENTRAS ACUARIO AMA LA LIBERTAD Y LE SOBRAN ALAS PARA VOLAR, CÁNCER APELA A UN ESTILO MUY CONSERVADOR Y REITERATIVO. SIN EMBARGO, RESPETA LA INTELIGENCIA Y ADMIRA LA CAPACIDAD DE RAZONAMIENTO DE LOS ACUARIO. EN AMBOS CASOS, DEBÉIS TRATAR DE EVITAR LOS MALOS ENTENDIDOS POR PROBLEMAS DE COMUNICACIÓN.

PODRÍA SER UNA UNIÓN MUY ELECTRIZANTE Y, A MENUDO, AGITADA. ES MUY PROBABLE QUE TENGÁIS UNA RELACIÓN SEXUAL BASTANTE APASIONADA.

 CONSEJO PARA HACER QUE FUNCIONE

CÁNCER DEBERÍA ABANDONAR ALGUNAS DE SUS IDEAS PRECONCEBIDAS Y ACUARIO PODRÍA SENTAR UN POCO LA CABEZA PARA QUE CÁNCER TENGA LA OPORTUNIDAD DE LLEGAR A SU INTERIOR.

CÁNCER Y PISCIS

LA COMBINACIÓN ES PERFECTA, PISCIS AGREGA UNA PIZCA ESPIRITUAL Y HERMOSA A CÁNCER, Y ÉSTE LE OFRECE A PISCIS VIVIR LA VIDA DE UNA FORMA TRANQUILA, DISFRUTANDO LOS PEQUEÑOS DETALLES.

PISCIS TIENE TENDENCIA A SER SOÑADOR Y TOMAR DECISIONES POCO PRÁCTICAS EN LA VIDA. EN ESTE SENTIDO, CÁNCER TIENE DOS OPCIONES: EXASPERARSE HASTA EL PUNTO DE ABANDONAR LA RELACIÓN O INTENTAR CON CUIDADO, QUE SU PAREJA VUELVA A PONER LOS PIES EN EL SUELO PARA PODER LLEVAR UNA VIDA PRODUCTIVA Y ÚTIL Y A CENTRARSE EN COSAS MÁS CONCRETAS, COMO LA FAMILIA. PISCIS ANIMA A CÁNCER A PONER EN MARCHA SUS IDEAS MÁS FILOSÓFICAS Y ESPIRITUALES.

LAS RELACIONES SEXUALES SERÁN EXCELENTES, DADO QUE AMBOS SENTÍS UNA FUERTE ATRACCIÓN, ENTIENDÉIS LAS NECESIDADES SEXUALES DEL OTRO Y HACÉIS TODO LO POSIBLE POR SATISFACERLAS.

CONSEJO PARA HACER QUE FUNCIONE (¡AÚN MEJOR!)

DEBERÉIS ESFORZAROS POR EVITAR EL SENTIMENTALISMO EXCESIVO Y DAR A VUESTRA VIDA UNA DIRECCIÓN CONJUNTA.

 CÁNCER Y ARIES

LA COMPATIBILIDAD ES REGULAR PERO SUELE HABER UNA CONEXIÓN INMEDIATA A NIVEL EMOCIONAL: CÁNCER SE SENTIRÁ MUY ATRAÍDO POR EL AIRE APASIONADO, SEGURO Y ENTUSIASTA DE ARIES, QUIEN A SU VEZ, SE SENTIRÁ EN PAZ AL ESTAR CON UN CÁNCER.

ES UNA COMBINACIÓN CURIOSA QUE PUEDE LLEGAR A SER POSITIVA, AUNQUE QUIZÁ MÁS COMO AMISTAD QUE COMO RELACIÓN DE PAREJA PORQUE LA FORMA DE SER Y VUES-TRAS NECESIDADES EMOCIONALES SON BASTANTE DISTINTAS. CÁNCER ES MÁS RETRAÍDO Y HOGAREÑO QUE ARIES QUE ES MÁS ENÉRGICO Y PROPENSO A TOMAR DECISIONES RÁPIDAS. LAS CONTINUAS EXIGENCIAS DE CÁNCER PUEDEN AFIXIAR A ARIES, QUIEN NECESITA SALIR Y RELACIONARSE TANTO EN SU VIDA PROFESIONAL COMO EN SU VIDA PERSONAL. BUENAS RELACIONES SEXUALES, AUNQUE CÁNCER PUEDE NOTAR UNA FALTA DE CLARIDAD A NIVEL EMOCIONAL.

 CONSEJO PARA HACER QUE FUNCIONE

ARIES DEBERÁ ESTAR DISPUESTO A MOVERSE LENTAMENTE Y CON SENSIBILIDAD Y CÁNCER INTENTAR SEGUIR EL RITMO A ARIES Y ACOSTUMBRARSE A SU PASO RÁPIDO.

CÁNCER Y TAURO

ESTA COMBINACIÓN ES UNA DE LAS MÁS COMPATIBLES. AMBOS DISFRUTÁIS DEMOSTRANDO VUESTRO AFECTO Y CUANDO LOS DOS ESTÁIS DE BUEN HUMOR, ES UNA COMBINACIÓN IRRESISTIBLE.

TAURO SIRVE COMO UN ANCLA PARA EL TEMPERAMENTO VARIABLE Y EMOCIONAL DE CÁNCER, SIENDO CAPAZ DE CALMAR SUS AGUAS. A SU VEZ, CÁNCER APORTA UN SENTIDO PRÁCTICO Y POCO SOFISTICADO A LA PAREJA Y ALIVIA LA TENSIÓN Y VOLATILIDAD DE TAURO.

EL PRINCIPAL PROBLEMA ES QUE AMBOS TENÉIS TENDENCIA A GRANDES CAMBIOS DE HUMOR, LO QUE PUEDE PROVOCAR PEQUEÑAS DISPUTAS.

LOS DOS SOIS SENSIBLES, OS GUSTAN LAS COSAS SENCILLAS DE LA VIDA Y PASAR MOMENTOS DE SOSIEGO JUNTOS EN UN AMBIENTE TRANQUILO Y HOGAREÑO.

EN LA CAMA, DISFRUTÁIS DE EXCITACIÓN SEXUAL Y CALIDEZ EMOCIONAL, ALGO ESPECIALMENTE IMPORTANTE PARA CÁNCER. LA COMPATIBILIDAD SEXUAL SERÁ ELEVADA.

CONSEJO PARA HACER QUE FUNCIONE (¡AÚN MEJOR!)

RESPETAD EL ESPACIO DEL OTRO Y NO TOMÉIS DEMASIADO A PECHO LOS ENFADOS DE VUESTRA PAREJA.

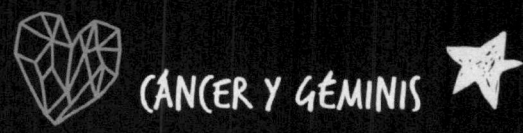

CÁNCER Y GÉMINIS

EN ASTROLOGÍA SE AFIRMA QUE CUANDO DOS SIGNOS OPUESTOS SE ATRAEN, LA RELACIÓN PUEDE FUNCIONAR PRECISAMENTE POR LA ATRACCIÓN DE LO OPUESTO. Y AUNQUE NO ES FÁCIL, ESTE PODRÍA SER EL CASO EN ESTA RELACIÓN, AUNQUE SÓLO SI AMBOS RESPETÁIS LAS DIFERENCIAS EN LA FORMA DE SER DE CADA UNO.

CÁNCER ES SENSIBLE Y EMOCIONAL Y SIENTE MÁS QUE PIENSA. GÉMINIS ES MÁS INTELECTUAL Y REFLEXIVO Y ACTÚA MÁS CON LA CABEZA QUE CON EL CORAZÓN. CÁNCER ES MUY HOGAREÑO, MIENTRAS QUE A GÉMINIS LE ENCANTA UNA BUENA FIESTA — Y CUANTOS MÁS INVITADOS, MEJOR. TENÉIS QUE ACEPTAR QUE EL OTRO ES MUY DIFERENTE Y NO INTENTAR CAMBIARLO.

EL COMPROMISO ES FUNDAMENTAL SI AMBOS PRETENDÉIS QUE ESTA COMBINACIÓN FUNCIONE.

AL MENOS SEXUALMENTE TENDRÉIS MUCHA QUÍMICA.

CONSEJO PARA HACER QUE FUNCIONE

CÁNCER, TENDRÁS QUE HACER UN ESFUERZO POR NO DESCONFIAR DE GÉMINIS. GÉMINIS, ACEPTA LA FORMA DE SER DE CÁNCER Y NO LE CULPES POR SU TEMPERAMENTO.

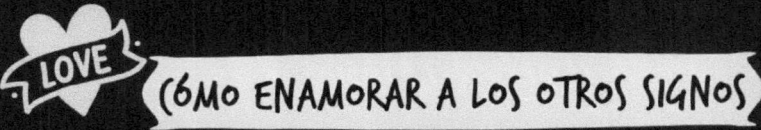

CÓMO ENAMORAR A LOS OTROS SIGNOS

INDEPENDIENTEMENTE DE LA CLARIFICADORA INFORMACIÓN PREVIA, EL AMOR VIENE ASÍ DE ESTA MANERA, Y TE HAS ENAMORADO DE OTRO SER HUMANO (ESPERO), AQUÍ VAN LOS CONSEJOS INFALIBLES PARA QUE CÁNCER ENAMORE A CADA UNO DE ELLOS:

ARIES: APRENDE A NO SOFOCARLO Y A CONFIAR EN ÉL. ARIES ES SÚPER INDEPENDIENTE, PUEDE ADAPTARSE A UNA VIDA ESTABLE PERO NECESITARÁ QUE TENGAS PACIENCIA. LO SEDUCIRÁS POR EL LADO DEL ROMANTICISMO Y LA TERNURA, RASGOS QUE COMPARTÍS. TRATA DE SER COMPRENSIVO CON SUS IMPULSOS E INTENTA DIALOGAR SIN CONFRONTAR.

TAURO: AMBOS DISFRUTÁIS DEL ROMANTICISMO Y LA DULZURA, HAZLE SABER QUE ES ÚNICO PARA TI. LO ENAMORARÁS A BASE DE CARIÑO Y ROMANTICISMO, Y TENDRÉIS VUESTRO PROPIO MUNDO IDEAL. TAURO SE SENTIRÁ MUY A GUSTO CON LOS ENCUENTROS EN LUGARES TRANQUILOS Y PRIVADOS.

GÉMINIS: PUEDES ENAMORARLO SI SABES CÓMO CONTROLARTE PARA NO CONTENERLO. NO INTENTES DOMINARLO NI PROTEGERLO EN DEMASÍA. INTENTA CONECTAR POR EL

LADO INTELECTUAL. AUNQUE PARA TI EL AMOR SE TRATE TODO DE SENTIMIENTOS, PARA GÉMINIS SE TRATA TAMBIÉN DE PENSAMIENTOS E IDEAS.

CÁNCER: NO TENDRÁS QUE ESFORZARTE MUCHO: LO ATRAERÁS CON TU TERNURA, COMPROMISO Y ESTABILIDAD. RECUERDA QUE ES TAN CRÍTICO Y EXIGENTE COMO TÚ, PERO NO LE GUSTA QUE LO CRITIQUEN, ASÍ QUE MUÉRDETE LA LENGUA SI QUIERES PAZ ENTRE VOSOTROS.

LEO: DEBERÁS TENER PACIENCIA Y ENTENDER QUE EL LEÓN LO QUE QUIERE ES PROTEGERTE. NO LO CRITIQUES CUANDO QUIERA SER EL CENTRO DE ATENCIÓN, EVITA LOS ATAQUES CONSTANTES HACIA SU ARROGANCIA O SEGURIDAD EXCESIVA. SÉ CARIÑOSO Y TIERNO CON ÉL Y DOMINARÁS SUTILMENTE AL LEÓN, QUE NECESITA SENTIRSE QUERIDO Y ADORADO.

VIRGO: TENDRÁS QUE APRENDER A SOPORTAR SUS CRÍTICAS CONSTANTES. COMPRÉNDELO, ES SU NATURALEZA. PARA ENAMORARLO, OFRÉCELE CONTENCIÓN, RESPETO E INTENTA CONOCERLO EN PROFUNDIDAD A TRAVÉS DE CONVERSACIONES ÍNTIMAS. VIRGO NECESITA ALGUIEN QUE PUEDA PENETRAR EN SU INTERIOR PARA SENTIRSE AMADO Y EN-

TREGARSE. CÁNCER TIENE LA PERSONALIDAD PERFECTA PARA HACERLO.

LIBRA: VUESTRAS DIFERENCIAS PUEDEN CREAR CONFLICTO. DEBERÁS ACOSTUMBRATE A SU NATURALEZA SOCIAL Y DINÁMICA. LIBRA NO SOPORTA LA RUTINA DOMÉSTICA, NECESITA SALIR, CONOCER GENTE Y VIVIR NUEVAS EXPERIENCIAS. ASÍ QUE CÁNCER, ACÉRCATE A ESTE SIGNO SI ESTÁS DISPUESTO A ACOMPAÑARLO, SI NO, SE SENTIRÁ REPRIMIDO Y LO ABURRIRÁS.

ESCORPIO: AMBOS SOIS SENSIBLES Y AFECTUOSOS PERO DEBERÁS SACRIFICARTE BASTANTE PARA ESTAR A SU LADO. TENDRÁS QUE TOLERAR SU CARÁCTER FUERTE Y ATENDER A SUS DEMANDAS, QUE PUEDEN SER ALGO EXCESIVAS. SI LOGRAS VER SU ALMA Y CONECTAR CON ÉL, FINALMENTE LO ABLANDARÁS Y TE LO AGRADECERÁ.

SAGITARIO: PUEDES VERTE HERIDO POR SU INSENSIBILIDAD. TENDRÁS QUE HACERTE FUERTE, CÁNCER, PARA PODER SOPORTAR SUS CRÍTICAS Y HONESTIDAD SIN FILTRO. PARA ENAMORARLO, NO LE EXIJAS COMPROMISO, DÉJALO LIBRE AL PRINCIPIO Y DÉJATE LLEVAR... DIVIÉRTETE CON SAGITARIO, INTENTA SEGUIRLE EL RITMO, OFRÉCELE BUEN

HUMOR Y OPTIMISMO. ESO LE ENCANTARÁ.

CAPRICORNIO: HAZLE VER QUE FORMÁIS UN BUEN EQUIPO
Y SE QUEDARÁ A TU LADO. CAPRICORNIO NECESITA ESTABILI-
DAD Y BIENESTAR EN EL PLANO FAMILIAR, PERO TAMBIÉN
EN EL ECONÓMICO. PARA QUE PUEDAS CONQUISTARLO, ES
BUENO QUE SEPA QUE COMPARTÍS ESOS VALORES Y PLANES
A FUTURO. DEMUÉSTRALE CARIÑO Y AFECTO, AUNQUE
PAREZCA PARCO, LO DISFRUTA Y ES FELIZ CON ESO.

ACUARIO: HABRÁ MUCHO AMOR O NO HABRÁ NADA,
PORQUE PROVENÍS DE MUNDOS DIFERENTES. DEBERÁS
APRENDER A VOLAR JUNTO A ÉL. TIENES QUE HACERLE
SABER QUE PUEDES ESPERARLO, PORQUE ACUARIO NECESITA
REFLEXIONAR Y SENTIRSE SEGURO PARA AVANZAR. LO
ENAMORARÁS MANIFESTANDO SOLIDARIDAD Y ALTRUISMO,
Y CONTAGIÁNDOLE LA SERENIDAD QUE LE FALTA.

PISCIS: HAZLE SENTIR PROTEGIDO Y COMPRENDIDO, SÉ SU
CÓMPLICE Y ENCONTRARÁS UN COMPAÑERO INCONDICIONAL.
POR MOMENTOS SENTIRÁS QUE NO ESTÁS PISANDO TIERRA
FIRME, YA QUE PISCIS PUEDE SER MUY EMOCIONAL E
INESTABLE. TEN PACIENCIA Y MANTÉN LA CALMA,
SÍGUELE LA CORRIENTE Y FLUIRÉIS EN UN MAR DE AMOR.

Cáncer y el sexo

NECESITAS QUE TE MUESTREN AFECTO, TE ENCANTA SEN-
TIRTE AMADO Y QUE TE TRANSMITAN DE FORMA TÁCTIL
EL AFECTO Y EL AMOR, ESTO ENCENDERÁ TU PASIÓN Y
TE CONVERTIRÁ EN UN AMANTE MUY ESPECIAL.

EL COMPROMISO ES OTRO DE LOS FACTORES QUE TE
AYUDA A LA REALIZACIÓN SEXUAL. ADORAS UN AMANTE
AFECTUOSO Y FIABLE.

ERES PROTECTOR POR NATURALEZA, DISFRUTAS DEDICÁN-
DOTE A LA CONSTRUCCIÓN DE UNA CONFORTABLE CASA Y
COMPARTIÉNDOLA CON UN /A AMANTE FIEL. CUANDO TE
ENTREGAS AL AMOR Y AL SEXO, TE ENTREGAS COMO EL
QUE MÁS. ERES DETALLISTA, CARIÑOSO Y FIEL.

LO QUE MÁS TE GUSTA EN LA CAMA SUELEN SER LOS PRE-
LIMINARES Y HACERLO CON ELEGANCIA Y DISCRECIÓN. TE

GUSTAN LAS POSTURAS TRADICIONALES Y NO MONTAS NUMERITOS ESCANDALOSOS SINO QUE TE EXPRESAS MÁS BIEN DE UNA FORMA DISCRETA.

TE ENCANTA QUE TE SORPRENDAN EN SITIOS POCO CONVENCIONALES.

SABES MUY BIEN CÓMO SEDUCIR. PUEDES SER MUY PERSUASIVO Y CONVINCENTE, JUGANDO CON TU PERSONALIDAD CARIÑOSA Y CÁLIDA.

AUNQUE PAREZCAS INSEGURO, EN REALIDAD ERES MUY SEXUAL Y APASIONADO. PUEDES LLEGAR A SER INSACIABLE Y CAMALEÓNICO. DE TIERNO A SALVAJE EN UN ABRIR Y CERRAR DE OJOS.

LOS SIGNOS SEXUALMENTE MÁS COMPATIBLES CONTIGO SON ESCORPIO Y PISCIS, QUE SON DEL MISMO ELEMENTO QUE TÚ, AGUA. Y TE COMPLEMENTAS MUY BIEN TAMBIÉN CON CAPRICORNIO (TIERRA), TAURO Y ACUARIO

Cáncer y el trabajo

LA LUNA, TU REGENTE, TE ENTREGA LA CAPACIDAD DE LIDIAR CON OTROS Y ENTENDER PROFUNDAMENTE LAS HISTORIAS DE LOS DEMÁS SIN LA NECESIDAD DE JUZGARLES POR ELLO, ES POR ESO QUE ALGO RELACIONADO CON LOS RECURSOS HUMANOS SIEMPRE ENCAJARÁ BIEN CONTIGO, YA QUE PUEDES PONERTE EN LA PIEL DE OTRAS PERSONAS Y SER BASTANTE EMPÁTICO CON QUIENES REQUIEREN TUS SERVICIOS.

TODO LO QUE TENGA QUE VER CON ESTAR ATENTO A LAS NECESIDADES DE LOS DEMÁS Y SER DE AYUDA PARA SOLUCIONAR LOS PROBLEMAS DE LOS MISMOS, SERÁ UN BUEN EMPLEO PARA TI, PORQUE TIENES LA PACIENCIA SUFICIENTE COMO PARA SENTARTE Y ESCUCHAR PROBLEMAS AJENOS, SIN LA NECESIDAD DE HACERLOS PROPIOS, GRACIAS A LA CORAZA QUE TE HAS CONSTRUIDO Y QUE TE PROTEGE DE QUE TE SIENTAS DEMASIADO AFECTADO

POR LO QUE LE SUCEDE A OTROS.

TAMBIÉN TIENES BUENAS DOTES PARA SER CONSEJERO PSICÓLOGO O PSIQUIATRA, ALGO EN LO QUE SIEMPRE DESTACARÁS, PORQUE ADEMÁS DE SER CAPAZ DE ESCUCHAR, TAMBIÉN TIENES EL DON DE ACONSEJAR CON SABIDURÍA A QUIENES LO NECESITAN. LA ORIENTACIÓN QUE PUEDES BRINDAR A OTRAS PERSONAS SIEMPRE TENDRÁ UN POSO MATERNO O PATERNO, YA QUE SIENTES LA NECESIDAD DE CUIDAR DE OTROS.
ES IMPORTANTE HACER HINCAPIÉ EN ESTO, PORQUE TU HABILIDAD DE DAR UN APOYO EMOCIONAL A LAS PERSONAS ES GRANDE.

POSEES UN PERFIL PERFECTO PARA SER ENFERMERO, ASISTENTE SOCIAL, MÉDICO, COMADRONA... PROFESIONES RELACIONADAS CON LO QUE NUTRE Y CUIDA DE NOSOTROS.

TAMBIÉN DISFRUTAS MUCHO DE LA HISTORIA, TE INTERESAN LOS EVENTOS PASADOS, POR LO QUE UNA CARRERA COMO INVESTIGADOR, PROFESOR DE HISTORIA, ARQUEÓLOGO O ANTICUARIO TAMBIÉN SERÍA ALGO IDEAL PARA TI. SUELES ESTAR INTERESADO EN SABER EL CÓMO Y EL POR QUÉ SUCEDIERON LAS COSAS.

NO ENCAJAS BIEN EN PROFESIONES MUY TÉCNICAS, EN LAS QUE LA MENTE SEA LA BASE PRINCIPAL Y QUE NO TENGA QUE HABER UNA SINTONÍA CON LOS DEMÁS, Y LAS QUE CONLLEVEN CIERTO RIESGO EN SU EJECUCIÓN O SEAN MUY MECÁNICAS EN SU FUNCIONAMIENTO.

TAMPOCO SON RECOMENDABLES PROFESIONES EN LAS QUE SE EXIJAN UNOS OBJETIVOS EN LOS QUE LOS NÚMEROS PRIMEN POR ENCIMA DE LOS SENTIMIENTOS O POR ENCIMA DEL TRATO HUMANO.

VIRTUDES: RESPONSABLE, SERVICIAL, LEAL, TRABAJADOR, FIABLE.

DEFECTOS: INSEGURO, SUSCEPTIBLE, RETRAÍDO, TÍMIDO.

LA ÚNICA FORMA DE HACER UN BUEN TRABAJO ES AMANDO LO QUE HACES
SOY EL ASTEROIDE SABIO Y TENGO UN MENSAJE PARA TI

Cáncer y la amistad

DISFRUTAS MUCHO DE LA AMISTAD Y DE TENER BUENAS PERSONAS A TU ALREDEDOR, ERES MUY FAMILIAR Y TE ENCANTA ORGANIZAR EVENTOS EN TU HOGAR. AMAS LA COMODIDAD DE TU CASA Y SIEMPRE PREFERIRÁS ACTUAR DE ANFITRIÓN PREPARANDO RICOS PLATOS PARA TUS AMIGOS.

ERES MUY FIEL EN LA AMISTAD Y CAPAZ DE DEFENDER A QUIENES QUIERES CON GRAN FUERZA, NO TIENES MIEDO A LOS PELIGROS, EXCEPTO CUANDO ES ALGO PERSONAL QUE NO QUIERES COMPARTIR CON ALGUIEN, COMO PONER EN RIESGO TU PROPIA REPUTACIÓN O DECIR ALGO QUE PUEDE HACERTE QUEDAR MAL FRENTE A OTROS.

SUELES TENER UNA CORAZA QUE TE IMPIDE LLEGAR MÁS ALLÁ EN LAS AMISTADES, PERO UNA VEZ QUE DECIDES DEJAR ATRÁS ESE MURO QUE HAS CONSTRUIDO A TU ALRE-DEDOR PARA NO DEJAR SALIR LO QUE DE VERDAD SIEN-

TES PUEDES TENER UNA AMISTAD SINCERA BASADA EN EL RESPETO Y EL ENTENDIMIENTO MUTUO.

TU NATURALEZA RECELOSA TE HARÁ INTENTAR CONOCER MUY BIEN A LAS PERSONAS ANTES DE DEJARTE LLEVAR POR LOS SENTIMIENTOS, PERO MUCHAS VECES TE EQUIVOCAS Y CAES PRESA DE PERSONAS QUE NO TE DESEAN EL BIEN.

TAURO ES UN EXCELENTE COMPAÑERO PARA TI PORQUE POSEE ALGO QUE TÚ NO TIENES, EL SENTIDO DE LA AVENTURA. PESE A QUE TAURO ES UN SIGNO MÁS ESTABLE Y NO TAN AVENTURERO, TIENE DIVERSIÓN PARA ENTREGAR A TODO AQUEL QUE PASE A SU LADO Y A TI ESTO TE POTENCIA.

LOS NATIVOS DE VIRGO TAMBIÉN PUEDEN SER UNA EXCELENTE COMBINACIÓN PARA UN CÁNCER, PORQUE TIENEN UN GRAN CONTROL SOBRE SUS EMOCIONES, SIN NECESIDAD DE ESCONDERLAS NECESARIAMENTE BAJO UNA CORAZA Y SABRÁN CÓMO LLEGAR A TI SIN NECESIDAD DE FORZARTE A SINCERAR TUS EMOCIONES, TAN SOLO SIGUIENDO EL CAMINO NATURAL DE LA AMISTAD.

La página mágica

ESTE LIBRO ES MÁGICO, COMO TÚ, Y VIENE CON UN REGALO: LA PÁGINA MÁGICA.

AUSPICIADO POR TUS PROTECTORES, PODRÁS FORMULAR UN DESEO Y AL ESCRIBIRLO, EL DESEO SE CUMPLIRÁ EN EL MOMENTO PRECISO.

CONCÉNTRATE, RESPIRA HONDO E INVOCA A LA LUNA Y A TU PIEDRA LUNAR DE LA SUERTE.

EL DESEO SE CUMPLIRÁ

MI DESEO ES:

Consejos de vida para Cáncer

LA SENSIBILIDAD ES TU BANDERA, PERO MUCHAS VECES NO SABES EXPRESAR DEBIDAMENTE TUS DESEOS Y NECESIDADES. Y YA ES TIEMPO, QUERIDO CANGREJO.

NO TEMAS SER RECHAZADO, EXPRESA TUS VERDADERAS EMOCIONES, NO TE AVERGÜENCES DE ELLAS, ENTIENDE QUE ELLAS FORMAN PARTE DE TU GRAN VALOR COMO SER HUMANO ÚNICO E IRREPETIBLE. NO BUSQUES APROBACIÓN, SINO AMOR REAL.

COMIENZA CUANTO ANTES A VIVIR SIN IMPOSTURAS, SIN PONERTE ESA CORAZA QUE ESCONDE TUS MARAVILLOSOS SENTIMIENTOS Y TU MARAVILLOSO SER. AMA Y VIVE TAL Y COMO ERES Y SIÉNTETE ORGULLOSO DE ELLO.

NO OBSTANTE, CUIDA TU CORAZÓN, NO LO ENTREGUES A CUALQUIERA, ENTIENDE QUE EL AMOR IMPLICA NECESARIAMENTE RECIPROCIDAD.

LA EXPERIENCIA, ASÍ COMO TAMBIÉN EL DOLOR SON GRANDES MAESTROS Y ESO BIEN LO SABES TÚ. PERO NO TE REGOCIJES TANTO EN EL SUFRIMIENTO, APRENDE A PASAR PÁGINA CUANTO ANTES. SÓLO ESTAMOS AQUÍ UN CORTO PERIODO DE TIEMPO Y DE NADA SIRVE MALGASTARLO EN PESARES. APRENDE DE LAS EXPERIENCIAS, PASA PÁGINA Y SIGUE ADELANTE CON UNA SONRISA.

GUARDAS DENTRO DE TI UN UNIVERSO DE EMOCIONES Y PASIONES QUE EL MUNDO ESTÁ DESEANDO QUE COMPARTAS, SIN MIEDOS, SIN DUDAS, DE MANERA VALIENTE. SÓLO CUANDO SEAS CONSCIENTE DE ELLO, PODRÁS VIVIR PLENAMENTE Y SER FELIZ Y CON ELLO, HACER FELIZ A LOS DEMÁS. BUSCAR LA FELICIDAD DEL OTRO ES SIN DUDA MARAVILLOSO PERO LO ES MÁS CUANDO ENTIENDES QUE LA TUYA PROPIA ES LA MAYOR ALEGRÍA QUE PUEDES DAR A LOS TUYOS.

PON TU SENSIBILIDAD AL SERVICIO DEL ARTE Y DE LA EXPRESIÓN POSITIVA Y TU VIDA SERÁ RICA, APASIONADA Y EXCEPCIONAL.

HAZTE UN FAVOR: QUIÉRETE INTENSAMENTE